Lb 3508.

BANQUET
RÉFORMISTE

DE

SENLIS

(OISE)

C'est assez dire qu'un système déshonoré, rongé par la corruption, a fait son temps. — Pour le changer, la RÉFORME ÉLECTORALE est le premier pas à faire : il la faut RADICALE. Que tout citoyen soit électeur ; que le député soit l'homme de la nation, non de la fortune.

(LEDRU-ROLLIN.)

Qu'ils viennent à nous, les travailleurs de tous états! Nous serons plus fiers de leur donner la main qu'à tous ces fripons enrichis qui nous font la loi depuis trop longtemps.

(UN RÉFORMISTE du banquet senlisien.)

Prix : 15 centimes.

SE VEND

Au profit des familles des détenus politiques.

—

1841.

BANQUET RÉFORMISTE

DE SENLIS.

Le 14 juillet dernier, cinquante-deuxième anniversaire de la prise de la Bastille, des réformistes de l'Oise convinrent d'organiser un banquet à l'occasion du onzième anniversaire de notre révolution de juillet, escamotée Dieu sait par quelles gens ! Dix commissaires furent nommés ; ils se chargèrent d'adresser des lettres de convocation à leurs concitoyens des environs, signataires des pétitions pour la réforme électorale, et les invitèrent au banquet qui devait avoir lieu à Senlis le dimanche 1er août.

Dès que ce projet fut connu, il se fit une sourde rumeur dans la haute et basse administration du cru. Le sous-préfet et son conseiller intime, les bonnes gens du roi et leurs aides, les juges et les gardes champêtres, le curé, ses vicaires et les marguilliers, le maire et ses adjoints, la majeure partie du conseil municipal, le lieutenant de la gendarmerie et le capitaine des pompiers, le supérieur des rats de cave et des ignorantins, etc., etc., s'assemblèrent extraordinairement. Après maint discours plus ou moins saugrenu et plusieurs heures de quasi-réflexion, ils eurent à eux tous une idée, mais une idée des plus lumineuses, une idée capable de leur procurer avancement sur avancement, des bouts de ruban et des croix à revendre : cette idée consistait à dénoncer ce projet de banquet réformiste à M. le ministre de l'intérieur et à leur bien digne patron Guizot-de-Gand.

Ces deux grands hommes d'état confectionnèrent aussitôt pour les gros bonnets senlisiens cette phrase charmante : « L'intention du
» gouvernement est de n'autoriser nulle part de semblables mani-
» festations, quelque peu de retentissement et d'influence fâcheuse
» qu'elles puissent avoir ; en conséquence, les ministres de sa ma-
» jesté citoyenne *ordonnent* (sans doute dans leur sagesse et leur
» bravoure) qu'elles soient formellement interdites. »

Cet ordre ministériel, tout-à-fait Louis XIV, fut expédié, ventre à terre, à la sous-préfecture, le 29 à trois heures du matin. — A six heures, M. le chevalier Jules de Gove, le plus malin des beaux-frères de M. Edmond Blanc; le chef du parquet, M. Marie, cousin du bâtonnier des avocats de Paris, et M. du Baril, son substitut, se rendirent en tout hâte auprès de l'administration municipale. Grace à la faconde proverbiale de ces trois messieurs, celle-ci s'ébranle aussitôt ; M. le commissaire de police Vallée, assisté de son groom, se dirige majestueusement vers l'hôtel du Grand-Cerf, et tient à peu près ce langage au propriétaire de la maison, M. Chambellan : « L'ad-
» ministration municipale, monsieur, s'empresse de se conformer
» à l'ordre de son excellence le ministre de l'intérieur, et vous fait
» défense de donner suite à votre projet de banquet réformiste ,
» fixé à dimanche prochain 1er août ; elle veut bien vous prévenir,
» par mon aimable bouche, que des mesures, plus ou moins anodi-
» nes, seront prises pour l'empêcher, si vous ne vous conformez
» pas à cette défense de nos très hauts et très puissans patrons. —
» *Nota bené* qu'une masse de brigades de gendarmerie seront à
» notre disposition pour dimanche prochain. Bien plus, si nous vou-
» lons de la cavalerie, de l'artillerie et des tirailleurs de Vincennes,
» nous n'avons qu'à parler... »

M. Chambellan, le sourire sur les lèvres, s'inclina devant M. le commissaire de police et son adjudant, et leur répondit : « Illustres
» députés de notre bienveillante autorité, retournez dire à vos maî-
» tres que *ça suffit*. »

Dans l'après-midi, il fit part aux commissaires senlisiens de la bonne visite qu'il avait reçue. Ceux-ci prévinrent aussitôt leurs deux cents souscripteurs, et les prièrent de n'envoyer au banquet que des délégués. (Chaque délégué était le représentant de dix souscripteurs.)

Le dimanche 1er août, sur les neuf heures du matin, des brigades de gendarmerie entraient dans Senlis par toutes les portes. Au moment de cette irruption, l'un des commissaires se trouvait en pourparler avec M. le sous-préfet. Il promit à ce magistrat que le nombre des convives ne dépasserait pas trente ; que l'on dînerait par tables de cinq ou six, et même dans des chambres séparées ; qu'aucun toast ne serait porté, aucune chanson patriotique chantée ; que l'ordre public et la décence seraient respectés avec la plus scrupuleuse attention ; en un mot, que l'on dînerait comme de simples *juste-milieu*, et que les chansons plus que grivoises, qui se braillent ordinairement dans les gueuletons de ces messieurs, n'auraient pas même besoin d'être défendues, puisqu'elles ne sont du goût d'aucun partisan de la réforme électorale. — Quant à la mairie, il est plus que probable qu'elle se serait rangée sans difficulté à la détermination de la sous-préfecture.

Ainsi donc, à midi, les commissaires senlisiens avaient la certitude de pouvoir dîner avec leurs amis politiques, venus de plusieurs points du département, de huit et dix lieues aux environs. Le sous-préfet et le maire s'étaient rendus à la justesse des raisons et à la parole qu'on leur avait donnée..... Mais ne voilà-t-il pas que deux heures après, pendant la revue de la garde nationale, ces magistrats se ravisent. Et nos gendarmes, se disent-ils, qu'en ferons-nous ? Que vont-ils penser de leur déplacement ? Rien de bon, assurément, pour nous et notre antique valeur..... Allons, décidément, les choses ne peuvent se passer ainsi : supposons que nous n'avons rien entendu, rien promis ; mettons la main sur la garde de nos innocentes épées, et faisons, ventrebleu ! de la force publique. Par là, nous nous ferons craindre des peureux, sinon respecter des autres .. Au même instant, les aides-de-camp des guizotins administratifs volent auprès des gendarmes et leur enjoignent, non de par la loi et le roi, mais de par le vouloir absolu de l'autorité administrativo-municipale, d'envahir l'hôtel du Grand-Cerf, de placer des factionnaires à la porte cochère, ainsi qu'aux portes du grand salon et des autres chambres ; de faire dresser des tables de dix couverts au plus, dans des pièces séparées, pour les réformistes de Senlis et des environs ; mais surtout d'interdire l'entrée de l'hôtel aux commissaires senlisiens, même à coups de baïonnettes, afin de prouver à tous ces petits agitateurs que les autorités silvanectiennes, chaudes admiratrices du système de Mahul-le-Toulousain, ne reculeraient

pas devant l'effusion du sang de citoyens paisibles et sans armes...
Les braves!!!

Sur les six heures, moment fixé pour le dîner, trois des commissaires senlisiens, les seuls qui fussent en ville ce jour-là, se présentèrent pour entrer dans l'hôtel ; un gendarme leur barra inutilement le passage avec son fusil à baïonnette, car ils se retirèrent tranquillement dès qu'un maréchal des logis leur eut dit poliment et en souriant : « Messieurs, vous ne pouvez entrer ici ; nous tenons notre consigne des autorités locales ; elles ne veulent plus que vous vous réunissiez à vos amis. »

Malgré ces misérables tracasseries, qui prouvent si fort en faveur de l'esprit de la sous-préfecture et de la mairie, le repas fut très gai. La plus franche cordialité ne cessa d'y régner entre les convives de toutes les classes qui s'y trouvaient, depuis l'éligible jusqu'au simple ouvrier. Les habitans de Senlis ont pu se convaincre que les réformistes, que l'on voudrait rendre odieux, sont des hommes d'ordre et de travail, et non des perturbateurs ou des anarchistes.

A huit heures du soir, les gendarmes regagnèrent leur hôtel, et laissèrent M. Chambellan maître dans le sien. A onze heures, les réformistes y revinrent en compagnie des trois commissaires si vaillamment pourchassés. Il fut unanimement décidé qu'on allait lire les lettres reçues et porter les toasts dont on avait bien voulu s'abstenir, par déférence pour des autorités qui savent tout aussi bien garder leur parole que leur sublime patron. — C'est alors qu'ils ont donné un libre cours à la manifestation projetée, tant en leur nom qu'au nom de tous les réformistes absens dont ils se faisaient, comme délégués, les interprètes.

Lecture a donc été faite de diverses lettres de patriotes qui adhéraient de cœur à la réunion, regrettant de ne pouvoir se joindre à leurs co-religionnaires, entre autres de celle de M. DAUDIN, maire de Pouilly (Oise), éligible et membre du conseil d'arrondissement de Beauvais, dans laquelle nous avons remarqué les passages suivans :

« Il y a onze ans qu'un grand événement s'est accompli ; la souveraineté nationale a détrôné la souveraineté du droit divin. Les conséquences de ce fait devaient être immenses ; il ouvrait pour la France une ère nouvelle.

» La charte, disait-on, serait désormais une vérité. La presse devait être libre, le sort du Peuple amélioré. Les impôts seraient allégés et répartis avec plus d'équité, c'est-à-dire qu'ils pèseraient un peu plus sur le superflu du riche, et beaucoup moins sur le nécessaire du pauvre. Un gouvernement à bon marché devait faciliter ces réformes ; et nous allions avoir, avec la monarchie citoyenne, la meilleure des républiques.

» Laissons de côté les questions extérieures, celles qui touchent à la dignité nationale, à l'influence de la France au dehors.

» Voyons, à l'intérieur, comment les promesses de 1830 ont été tenues :

» *La charte une vérité!* quand le gouvernement personnel s'impose au pays ; quand la responsabilité ministérielle est nulle ; quand le pouvoir travaille sans cesse à corrompre la représentation nationale, pour composer des majorités factices !

» *La presse libre!* avec les lois de septembre, avec le monopole de l'imprimerie ! N'a-t-on pas vu chez nous tomber le *Patriote de l'Oise!* et le *Progressif* n'est-il pas en butte à d'incroyables persécutions ?

» *Le Peuple!* on veut qu'il travaille, qu'il paie et se taise ; et, comme on s'en défie, pour une bastille qu'il a détruite, on nous en rendra dix.

» *Alléger les impôts!* mais déjà le milliard normal de la Restauration est presque doublé ; et nos économistes ont découvert que plus un état a de dettes, plus il est riche !

» *Un gouvernement à bon marché!* charlatanisme de prospectus ! Nos gouvernans ont trouvé moyen de nous faire acheter plus cher la paix et la honte qu'on ne payait autrefois la guerre avec la gloire !

» *Une forme de gouvernement plus parfaite!* Mais, dit-on, nous avons tout ce que comporte de mieux notre génération vicieuse et corrompue. Nous ne sommes pas assez purs pour un meilleur système...

» Raisonnement sans réplique ; aussi laisse-t-on le mal s'étendre comme une gangrène ; on organise la corruption, afin d'avoir cette objection toujours prête, et de donner, chaque jour, une force nouvelle à un argument si victorieux.

» Cet état de choses ne peut durer. Il finira par la Réforme ou par une Révolution violente. — Appelons donc la Réforme de tous nos vœux, et que ceux qui redoutent ces révolutions se joignent à nous.

» Nous poursuivons un but essentiellement moral et philanthropique ;

les populations commencent à nous comprendre ; les améliorations politiques et sociales que nous réclamons, ne peuvent être long-temps ajournées... Demandons-les le plus possible d'une manière légale et pacifique, et flétrissons ceux qui, par une résistance insensée, faisant naître l'irritation des esprits, y cherchent peut-être une occasion de recourir à la violence, leur dernière ressource. Déjà le cri de réforme a retenti dans toute la France. Honneur à la ville de Senlis, qui l'a fait entendre la première dans le département de l'Oise !!!... »

(Triple salve d'applaudissemens.)

Les toasts suivans sont ensuite portés.

Par M. BELLENGER, médecin :

Au Comité réformiste de Paris!

« Citoyens,

» Soyons fiers de marcher avec les membres de ce comité qui renferme dans son sein tout ce qu'il y a de plus illustre dans les sciences, les lettres et l'industrie. — Remercions les J. Laffitte, les Dupont (de l'Eure), les Arago, les Martin (de Strasbourg), les Joly, les David (d'Angers), les Lamennais, etc., d'avoir trouvé cette admirable formule, qui établit d'une manière si satisfaisante les droits imprescriptibles de tous les membres de la grande famille française : « Que tout citoyen ayant le droit de faire » partie de la garde nationale soit électeur, et que tout électeur soit éligi- » ble. » — Amis ! que chacun de nous prenne ici l'engagement formel de travailler de toutes ses forces à la propagation de la réforme électorale. Jurons de faire, jusqu'à gain de cause, tout ce qui dépendra de nous pour dessiller les yeux de nos concitoyens encore aveuglés, pour les convaincre de la lâcheté et de la perfidie des ennemis de la souveraineté du peuple ! »
(De toutes parts, et avec le plus vif enthousiasme : *Nous le jurons !*)

M. DUPOTY, rédacteur en chef du *Journal du Peuple*, prend ensuite la parole en ces termes :

« Permettez-moi, citoyens, de vous dire comment je conçois la réforme électorale.

» Ce n'est pas comme membre du Comité Central que je vous parlerai, mais comme un patriote qui cause avec des patriotes.

» Soyons francs : ce n'est pas tant pour obtenir d'une chambre du monopole un véritable suicide, que nous devons l'accabler annuellement des vœux de toute la population virile, que pour démontrer aux moins clairvoyans le mauvais vouloir et l'impuissance du pouvoir à réaliser les progrès les plus légaux même et les plus pacifiques. Un des grands avantages surtout des comités réformistes, de ces comités où, sous peine de rencontrer la loi contre les associations, nous ne devons nous occuper que des pétitions en faveur de la réforme ; un avantage inappréciable de cette organisation légale, c'est de créer entre les citoyens des rapports et des relations ; c'est de les entretenir dans une agitation à la fois pacifique et progressive ; c'est de les habituer à s'occuper de leurs intérêts politiques, à étudier et à connaître, moralement et matériellement, leurs droits et leurs devoirs. Oui, tel est notre but explicite. Mais qu'importe à la loi correctionnelle que la réforme électorale puisse amener une réforme politique, et que celle-ci doive entraîner à son tour les réformes sociales que les mœurs et les possibilités de l'époque permettront de réaliser ? Ces résultats, qu'il n'est au pouvoir de personne d'empêcher, sont complètement en dehors de la compétence des tribunaux. Oui, quel que soit le but du progrès dans le temps et dans l'espace, nos moyens du moment n'en sont pas moins légaux. C'est en vain qu'une cour royale prétend, en poursuivant isolément trois de nos amis au milieu de la France réformiste, infirmer l'acquittement prononcé par une première juridiction : cet arrêt, nous l'espérons bien, va tomber devant la cour de cassation. Mais le Comité Central ne pouvait laisser passer, sans protester contre l'arrêt de la cour royale, une pareille atteinte au droit de pétition. Aussi, dans sa dernière séance, a-t-il arrêté qu'une protestation contre cet arrêt serait faite. Du fond de sa prison, M. Lamennais l'a rédigée. M. Arago en est saisi, et il doit la publier...

» Citoyens, la session parlementaire est close. Si le Comité n'a pas déposé cette année les pétitions en faveur de la réforme électorale, c'est que, pour forcer la chambre à s'occuper, en dehors de ses intérêts particuliers, d'une aussi grande question d'intérêt public, il a pensé qu'il fallait apporter, l'année prochaine, à la tribune, les volontés d'une masse de citoyens plus imposante encore.

» Je ne saurais donc trop vous engager, citoyens, à redoubler d'activité pour recueillir des adhésions nouvelles, et à adresser à Paris les pétitions à mesure qu'elles seront couvertes de signatures.

» Malgré les diversions qu'ont apportées à notre tâche les lâchetés de la diplomatie ; malgré les préoccupations de l'opinion publique en présence des graves questions de la politique intérieure qui agitent encore le pays ; en présence surtout de l'embastillement et des exécrables lettres qui en expliquent le but, les efforts des réformistes n'auront pas été perdus. Le nombre des signatures est déjà plus considérable que celui des années précédentes. De nouveaux comités se sont formés sur tous les points de la France, et leurs résultats auront surtout servi à préparer des résultats plus importans encore.

» Achevons donc d'organiser, partout où nous le pourrons, des comités réformistes. Achevons de nationaliser cette grande question de la réforme, en la faisant pénétrer dans toutes les classes du peuple. Que notre énergie et notre zèle soient guidés par la prudence, et nous n'aurons à redouter, en aucune manière, les tracasseries que l'arbitraire pourrait vouloir nous susciter. La loi protège le droit de pétition et tout ce qui s'y rattache. Si on la violait à notre égard, nous ferions respecter, en cette occasion, comme en toutes les autres, nos droits de citoyens. Stimulons l'opinion ; détrompons ceux qui, parce que leurs pétitions ont été jusqu'à présent dédaigneusement rejetées, croiraient inutile de pétitionner encore. Répétons-leur qu'on ne réussit que par la persévérance ; que plus la résistance est opiniâtre, plus les obstacles sont grands, moins on doit se lasser de les combattre. Ce qui est juste aujourd'hui sera juste demain, sera juste toujours, et c'est le triomphe de la justice que nous voulons et que nous obtiendrons. » (Applaudissemens redoublés.)

Par M. Alexandre Decamps, homme de lettres :

A l'Anéantissement de l'égoïsme et au retour de la Fraternité parmi nous !

« Puissions-nous voir une époque meilleure, où l'on n'entendra plus proclamer en public la misérable doctrine de l'individualisme, cette doctrine qui égare l'homme jusqu'à lui faire dire, comme à un fameux électeur de Crépy : « *Aujourd'hui, chacun tire de son côté le plus qu'il peut.* » — Puissions-nous voir une époque où les hommes comprendront que la société n'est point une curée, au milieu de laquelle ils doivent se disputer les lambeaux de la fortune publique, pour que la plus grosse part tombe toujours au plus servile ou au plus voleur! » (Bravo !)

Par M. Henri Corbie, électeur et propriétaire à Laborde :

A la Mémoire de Garnier-Pagès !

« De l'illustre député qu'une mort prématurée vient de nous enlever ! — Puissent les hommages dont sa tombe est environnée être une leçon profitable pour ses collègues anciens ou nouveaux ! Puissent-ils les convaincre que l'homme qui a défendu toute sa vie le peuple et ses intérêts, emporte dans la tombe l'amour et les regrets de ses concitoyens ! » (Vive adhésion !)

Par un FABRICANT, électeur :

Aux Ouvriers !

« Dans tous les pays du monde, c'est, sans contredit, la classe la plus utile et la plus honorable. Qu'ils viennent à nous avec confiance, les travailleurs : nous voulons les sortir de l'ignorance et de l'ilotisme où les tient plongés l'égoïsme bourgeois. Nous voulons leur bien-être par une meilleure organisation du travail. Pour eux, comme pour nous, nous voulons égalité de droits politiques, puisqu'ils supportent les mêmes charges. — Ils sont nos égaux et nos frères ; qu'ils viennent donc à nous ! nous serons plus fiers de leur donner la main qu'à tous ces fripons enrichis qui nous font la loi depuis trop long-temps ! » (Bravos prolongés.)

Par un CAPITAINE de la garde nationale :

A l'Expulsion de l'homme de Gand !

« Du traître qui prétend régenter notre belle patrie, lui rentré en France dans les fourgons prussiens, après Waterloo ! « Reine du monde, ô France ! ô ma patrie ! » qu'il sera beau, le jour où tu seras délivrée à tout jamais des complices de l'étranger ! » (Adhésion unanime.)

Par un OUVRIER :

A la Résurrection de la Pologne !

« Si lâchement abandonnée par les hommes de l'établissement du 7 août ! » (Bravo !)

Par M. ANTONIO WATRIPON :

Au Courage civil !

« Aux braves Toulousains, qui nous en donnent un vivant exemple ! »

Par M. DOYEN, rédacteur du *Progrès de Compiègne :*

A notre glorieux Triomphe de Juillet !

« Dont nous ne pouvons tarder à recueillir les fruits ! »

Par un LIEUTENANT de la garde nationale :

A l'Union et à la Persévérance des démocrates !

« Citoyens,

« Avec de l'union et de la persévérance, soyez convaincus que le gain de notre sainte cause est assuré. Voulez-vous savoir pourquoi ? Parce que, pour nous, le Peuple c'est tout. Soulager ses douleurs, ses misères, voilà notre but. Passer par la question politique pour arriver à l'amélioration sociale, telle est la marche qui caractérise le parti démocratique en face des autres partis.

» Certes, ce n'est pas la phalange doctrinaire, ni le parti Thiers, ni la fraction Barrot, ni le parti légitimiste, qui sont capables d'empêcher notre triomphe. Demandez-le plutôt au successeur de Garnier-Pagès, à notre nouveau député radical, Ledru-Rollin, et voici ce qu'il vous répondra : « Pour ces partis surannés ou bâtards, le Peuple n'est qu'un mot ; c'est le comparse de la pompe théâtrale, c'est l'esclave antique escortant le char du triomphateur. » (Bravo ! bravo !)

Par M. FÉLIX AVRIL, rédacteur du *Journal du Peuple* :

Au Succès et au Développement du Progressif *de l'Oise !*

« *Le Progressif* est fondé depuis une année au plus, et déjà les hommes du roi l'ont poursuivi cinq fois de leurs réquisitoires ; *le Progressif* était le seul journal de cette localité qui pût donner aux annonces judiciaires toute la publicité dont elles ont besoin, et les hommes du roi, par une odieuse et inique proscription, lui ont violemment enlevé le bénéfice de cette position ; *le Progressif* pouvait avoir à sa disposition toutes les imprimeries du département, et les hommes du roi cherchent, par leurs moyens d'intimidation, à lui en enlever l'usage. Ces faits, citoyens, constatent chez nos ennemis un acharnement bien grand sans doute; mais cet acharnement, pour être implacable, n'est pas invincible , et ce n'est pas vous, patriotes de Senlis, qu'il saurait décourager. Le crime du *Progressif de l'Oise*, c'est le vôtre, c'est le nôtre à nous tous qui sommes ici ; ce crime, c'est de servir la cause de la démocratie : voilà pourquoi vous lui viendrez tous en aide. Le fait même de l'interdiction stupide par laquelle on a gêné tantôt notre réunion ; les formes ridicules dont cette interdiction a été entourée, constatent hautement que vous avez ici même plus d'une liberté à défendre ; voilà pourquoi vous tiendrez à ne pas vous laisser dépouiller de la seule arme qui vous reste. Redoublez donc tous d'efforts, citoyens ; que chacun de vous apporte sa part de sacrifices, et il est certain que vous triompherez. « Je ne renonce pas au projet de maîtriser la presse, » a dit l'auteur des infâmes lettres ; que chacun de vous, en réponse à ces odieuses paroles, dise à son tour : « Je ne renoncerai jamais à défendre la presse, » et, alors, en dépit des hommes du roi, *le Progressif de l'Oise* sera sauvé.

» Au succès et au développement du *Progressif de l'Oise!* » (Vifs applaudissemens.)

Par un BIZET, de Pontarmé :

« *Aux bons gendarmes ; à M. le procureur du roi et à son gracieux substitut ; aux Bayards municipaux de cette cité ; à notre Bossuet administratif et à son aimable famille!* Souhaitons-leur à tous beaucoup d'avancement, des rubans et des crachats à foison, pour leur prouver que nous ne leur en voulons pas le moins du monde! » (Rires long-temps prolongés.)

Après ce toast, qui a très gaîment clos la réunion, les patriotes se sont paisiblement séparés en se serrant fraternellement la main. Une collecte avait été préalablement faite ; le chiffre s'en est élevé à 100 francs.

Les trois quarts de cette somme seront consacrés au soulagement des familles des détenus politiques ; le reste contribuera à l'érection du monument que les démocrates doivent au civisme de Garnier-Pagès.

MOUVEMENT RÉFORMISTE

DANS L'OISE

EN 1841.

En 1839-1840, le chiffre des signataires des pétitions pour la Réforme électorale s'est élevé seulement à 549. — Cette année, ce nombre sera plus que doublé, malgré les sourdes menées de l'administration et de ses tristes souteneurs.

Grâce à l'activité de quelques réformistes dévoués, 281 signatures ont été obtenues dans les seuls cantons de Senlis, Creil, Pont-Sainte-Maxence et Estrées-Saint-Denis. — Celles des autres localités du département ont été déjà enregistrées dans le *Journal du Peuple*.

Arrondissement et canton de SENLIS. — Dans cette ville, 65 adhésions à la pétition du Comité réformiste de Paris ont été recueillies en quelques jours. Nous remarquons, parmi les signataires, 2 capitaines de la garde nationale, 2 lieutenans, 2 sous-lieutenans, 1 sergent-major, 5 sergens, 5 caporaux, plusieurs propriétaires, des électeurs et 1 éligible. — Si la pétition avait été portée de domicile en domicile, comme le voulait l'un des premiers signataires, les deux tiers du bataillon l'auraient probablement signée. Nous savons, de manière à n'en pas douter, que, la prochaine fois, les réformistes senlisiens adopteront cette marche, proclamée la seule bonne.

A Saint-Léonard et *Avilly*, 70 signatures, parmi lesquels se trouvent plusieurs officiers, sous-officiers et caporaux de la milice citoyenne, plus six membres du conseil municipal. — Toutefois, la vérité nous oblige à dire que l'un de ces conseillers municipaux se repent au suprême degré d'avoir apposé sa griffe sur cette malencontreuse pétition ; il s'en repent au point de vouloir donner des coups d'épée à tous ceux qui se mêleront, à l'avenir, de recueillir des signatures... O brave homme! que les réformistes de votre pays ne vous craignent guère, vous et tous ceux qui ont le malheur de vous ressembler ! — A *Saint-Firmin* et *Vineuil*, 8 signatures.

Canton de CREIL. — *A Chantilly*, ville de valetaille princière, 10 signatures. — *A Villers-Saint-Paul*, petite commune dont le maréchal Gérard est le seigneur, 27 signatures ; l'adjoint, 2 conseillers municipaux, 1 sous-lieutenant, 3 sergens et 5 caporaux. — En ce moment, une seconde pétition circule encore dans cette commune, ainsi qu'à *Nogent-les-Vierges*. — Ces deux dernières communes, Chantilly et Saint-Firmin, pétitionnent pour la première fois.

Canton de PONT-SAINTE-MAXENCE. — Communes de *Raray*, *Brasseuse* et *Rully*, 55 signatures ; 1 chef de bataillon, 2 capitaines, 4 lieutenans, 1 sous-lieutenant, plusieurs sous-officiers et caporaux, 2 électeurs et un conseiller municipal.

Arrondissement de COMPIÈGNE. — Canton d'ESTRÉES-SAINT-DENIS. — *Estrées* et *Arsy*, 46 adhérens ; 2 capitaines, 1 lieutenant, 1 sous-lieutenant et 11 sous-officiers ou caporaux de la garde civique. — Jusqu'à présent, ces deux communes n'avaient pas encore pétitionné.

Bons bourgeois, archi-conservateurs dont l'égoïsme et la couardise ne sont plus méconnus que par les aveugles, tâchez d'ouvrir les yeux, il en est temps encore ! Tenez, la voyez-vous, la RÉFORME ÉLECTORALE ? Elle s'avance à pas de géant ; avant deux ans, elle vous étreindra de toutes parts. — Réformistes, du courage et de la persévérance ! si vous aviez le malheur d'en manquer, rappelez-vous que ces hommes-là sont les vrais pendans des tories britanniques.

Août 1841.

Paris. — Impr. LANGE LÉVY et Comp^e, rue du Croissant, 16.

Pour paraître le 5 novembre prochain :

L'ADMIRATEUR,

Revue Politique, Philosophique, Littéraire, Industrielle, Artistique et Comique de l'Oise, de la Somme, de Seine-et-Oise, de Seine-et-Marne, de l'Aisne, de la Seine-Inférieure, de l'Eure, de l'Orne, du Nord et du Pas-de-Calais.

Directeur : **M. BELLENGER.**
Rédacteur en chef : **M. ALEXANDRE DECAMPS.**

Cette Revue paraîtra du 1er au 5 de chaque mois. Succédant à l'ancienne *Revue* et au *Progressif de l'Oise*, elle sera rédigée par les collaborateurs de ces deux feuilles. Ceux-ci s'adjoindront des correspondans dans toutes les communes des départemens ci-dessus indiqués. Ils accueilleront avec empressement toutes les nouvelles d'intérêt général qui leur seront communiquées, non par des *anonymes*, mais par des personnes dont la véracité ne pourra être suspectée. — Cependant, on couvrira du voile de l'anonyme les avis et articles émanés de personnes sûres qui ne pourraient décliner leur nom, ou jugeraient prudent de garder l'incognito.

L'ADMIRATEUR, se trouvant en relation directe avec le *Comité central de Paris*, sera donc, avant tout, RÉFORMISTE. Tous ses efforts tendront à la propagation de la *Réforme électorale*, qui peut seule nous sauver d'une révolution violente.

Tous les numéros commenceront par une *Revue politique de l'intérieur, de l'extérieur*, et par les *Chroniques départementales*. Viendront ensuite le compte-rendu des séances vraiment importantes de l'*Académie des Sciences*, les enseignemens sur la *Philosophie*, la *Morale*, l'*Histoire*, la *Littérature*, le *Théâtre* et les *Beaux-Arts*. — On y trouvera aussi, de temps à autre, à la portée de toutes les intelligences, les moyens de *Réforme sociale*, la *Politique actuelle*, la *Polémique* et les *Nouvelles* ; les théories et les applications pratiques de l'*Industrie*, de l'*Agriculture* et du *Commerce*.

Pour nous conformer au précepte du grand maître qui a dit avec tant de raison : « *Passez du grave au doux, du plaisant au sévère* », *et vice versâ*, chaque numéro se terminera par une REVUE COMIQUE des *Journaux conservateurs* ou *ministériels quand même* de nos dix départemens. Nos lecteurs se convaincront qu'aujourd'hui comme toujours, le *ridicule* est la meilleure arme pour faire justice des mille et une bouffonneries débitées par ces pauvres feuilles.

Nous comptons sur l'appui et le dévoûment de tous les patriotes sincères. Il faut qu'ils nous viennent en aide, pour nous mettre à même de servir de toutes nos forces la cause nationale de notre belle France, aujourd'hui si indignement administrée.

Nos 500 premiers souscripteurs recevront *gratis*, dans le courant de l'année prochaine, la *biographie* des députés et des principaux fonctionnaires de nos dix départemens.

PRIX DE L'ABONNEMENT : 10 FR. par an, payables d'avance en un mandat sur la poste ou sur une maison de banque de Paris. — S'adresser, pour les abonnemens, les articles et avis à insérer, au Bureau de la Direction, place Saint-Frambourg, 3, à Senlis (Oise). — Les lettres et envois *non affranchis* seront refusés.

IMPRIMERIE LANGE LÉVY ET Cie, R. DU CROISSANT, 16.

www.ingramcontent.com/pod-product-compliance
Lightning Source LLC
Chambersburg PA
CBHW071443060426
42450CB00009BA/2283